ISBN 9788411744294 © Eve Stars, 2023

Impresión y editorial: BoD – Books on Demand
info@bod.com.es – www.bod.com.es
Impreso en Alemania – Printed in Germany

Este libro pertenece a este extraordinario, aventurero y positivo Sagitario:

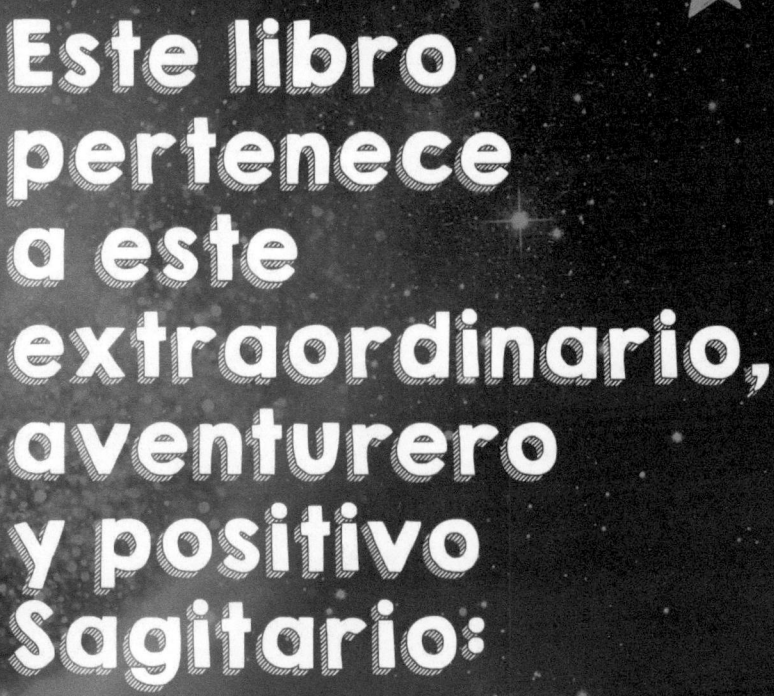

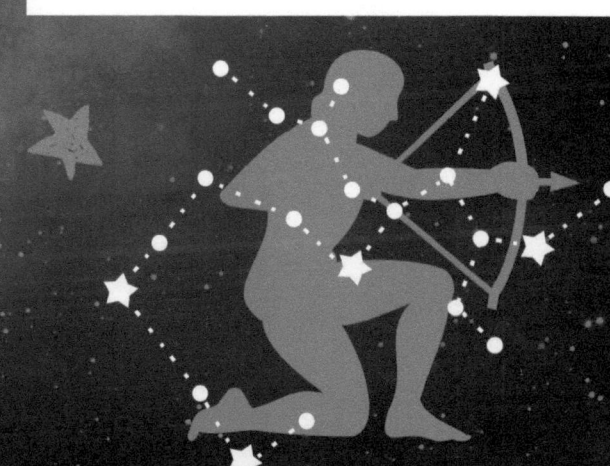

Sagitario

23 DE NOVIEMBRE – 20 DE DICIEMBRE

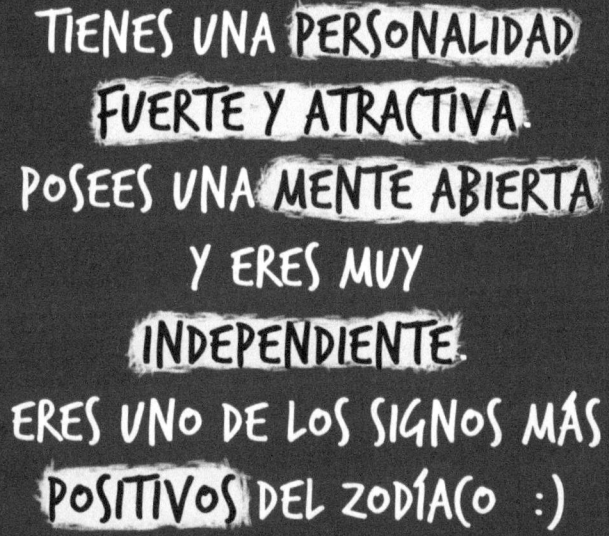

TIENES UNA PERSONALIDAD
FUERTE Y ATRACTIVA.
POSEES UNA MENTE ABIERTA
Y ERES MUY
INDEPENDIENTE.
ERES UNO DE LOS SIGNOS MÁS
POSITIVOS DEL ZODÍACO :)

INTELECTUAL

HONESTO

SINCERO

TEMERARIO

SIMPÁTICO

DESCUIDADO

ERES UN SIGNO DE FUEGO,
VERSÁTIL, TE ENCANTA LA
AVENTURA Y LO DESCONOCIDO.

MUY SINCERO.

ERES EL
MÁS VALIENTE DEL
ZODÍACO

TU EMPLAZAMIENTO NATURAL
ES LA NOVENA CASA, LA CASA DE
LOS VIAJES, LA ESPIRITUALIDAD,
EL EXTRANJERO.

Elementos de Sagitario

COLORES: PÚRPURA, AZUL, VIOLETA.

VÍSTETE CON ESTOS COLORES CUANDO QUIERAS LIGAR Y SERÁS IRRESISTIBLE (SI ES POSIBLE SERLO AÚN MÁS)

PIEDRAS: RUBÍ, JACINTO Y TOPACIO.

CUANDO TROPIECES DOS VECES, COMO SUELES HACER, QUE SEA AL MENOS CON ALGUNA DE ESTAS PIEDRAS

ÁRBOLES: LIMA, MORERA Y ROBLE.

ABRÁZATE A UNO DE ESTOS ÁRBOLES CUANDO ESTÉS DE BAJONA. TE QUIEREN

FLOR: EL CLAVEL.

LOS VULGARES RAMOS DE ROSAS NO ESTÁN A TU ALTURA. EXIGE MÁS

Hablemos claro, Sagitario

TIENES LA MENTE ABIERTA A NUEVAS IDEAS Y EXPERIEN-CIAS Y MANTIENES UN ACTITUD OPTIMISTA INCLUSO CUANDO LAS COSAS SE TE PONEN DIFÍCILES. ERES FIABLE, HONESTO, BUENO Y SINCERO Y DISPUESTO A LUCHAR POR CAUSAS JUSTAS CUESTE LO QUE CUESTE. SÍ, ERES MUY CRACK.

SUELES CREER EN LA ÉTICA Y TE GUSTA SEGUIR LOS RITOS DE LA RELIGIÓN, DE UN PARTIDO POLÍTICO O DE UNA OR-GANIZACIÓN. ESTO PUEDE LLEVARTE A TENER CIERTAS TENDENCIAS SUPERSTICIOSAS A VECES.

TE ENCANTA ABARCAR NUEVOS PROYECTOS Y APRENDER SOBRE COSAS NUEVAS.

ERES INTUITIVO Y BUEN ORGANIZADOR Y, AUNQUE ERES GENEROSO, TAMBIÉN ERES MUY CUIDADOSO, LO QUE TE

CONVIERTE EN BUEN GESTOR DE SITUACIONES Y PROYEC-
TOS.

ALGUNOS SAGITARIO TIENEN UN GRAN GENIO QUE
PUEDE APARECER ANTE SITUACIONES QUE PARA LOS
DEMÁS CARECEN DE IMPORTANCIA (PERO TÚ NO, CLARO,
HABLO DE OTROS SAGITARIO :P).

PECAS DE IMPACIENCIA CUANDO LOS DEMÁS NO VAN AL
MISMO PASO QUE TÚ. ERES CAPAZ DE SACRIFICARTE PARA
REALIZAR UN OBJETIVO Y ESTO HACE QUE A VECES SEAS
DEMASIADO EXIGENTE CON LOS DEMÁS.

ERES MUY CONFIADO Y AMIGO DE TODOS. UNA PERSONA
MUY ALEGRE QUE SIEMPRE VES EL LADO BUENO DE LAS
COSAS Y TE CUESTA VALORAR LOS ASPECTOS NEGATIVOS.
CUANDO DEBES HACERLO, PUEDES TENER MALAS SENSA-
CIONES PUES TU NATURALEZA TE IMPIDE VER LAS
PARTES NEGATIVAS DE LO QUE HACES.

TE GUSTAN LAS AVENTURAS Y SIEMPRE ESTÁS DISPUES-
TO A DIVERTIRTE CON LOS TUYOS.

Amuletos para Sagitario

¿CREEMOS EN LAS FUERZAS OCULTAS? ¡SÍÍÍÍ! ¿Y CREEMOS EN LOS AMULETOS? ¡TAMBIÉÉÉÉN! PUES TIRA YA ESA PATA DE CONEJO RANCIA, ESTOS SON LOS AMULETOS QUE TE AYUDARÁN A CONSEGUIR TODAS TUS METAS.

EL AMULETO MÁS PODEROSO PARA LOS NACIDOS BAJO EL SIGNO DE SAGITARIO ES, SIN DUDA, LA FLECHA. TENER UNA FLECHA A MANO CON LA CABEZA DE MADERA O METAL ES LA MEJOR FORMA DE RECIBIR UNA POTENTE ENERGÍA POSITIVA QUE ALEJARÁ DE TU VIDA TODO LO QUE AMENACE TU FELICIDAD. PUEDES LLEVARLA COMO UN COLGANTE O COMO PARTE DE TU LLAVERO, O TAMBIÉN USARLA COMO DECORACIÓN EN TU CASA.
LO QUE IMPORTA ES QUE ESTÉ CERCA DE TI Y TE CONTAGIE DE OPTIMISMO POR ESE MAÑANA QUE DESEAS Y QUE SIENTES QUE YA VIENE EN CAMINO.

COLOR AZUL. EL COLOR QUE MEJOR SE ADAPTA A TI ES EL DE TU ASTRO REGENTE, JÚPITER, EL AZUL EN SUS TONOS MÁS OSCUROS. ES EL COLOR QUE AUMENTA TUS ENERGÍAS POSITIVAS, EL QUE EQUILIBRA TU AURA Y TE HACE MÁS ASERTIVO Y PROPOSITIVO.

SI QUIERES QUE TUS MEJORES VIRTUDES SE POTENCIEN, ENTONCES VISTE ESTE COLOR, ÚSALO EN TUS PAREDES Y PERTENENCIAS, SIEMPRE QUE DEBAS TOMAR UNA DE-CISIÓN ELIGE AQUELLO QUE SE RELACIONE DE ALGUNA MANERA CON ESTE COLOR.

PLATA. EL QUE SE CONSIDERA EL MÁS PURIFICADOR DE LOS METALES ES EL QUE RESULTA MÁS BENÉFICO PARA TI. LA PLATA ES MUY VALORADA POR LA FORMA EN QUE CONDUCE LA ELECTRICIDAD Y EL CALOR. DE ESA MANERA IMITA LA NATURALEZA DE LOS SAGITARIO, QUE NOS CONECTA CON EL FUTURO Y NOS AYUDA A EN-MENDARLO DESDE EL AHORA.

TURQUESA. LA PIEDRA PRECIOSA ASOCIADA CONTIGO ES LA TURQUESA. SE CREE QUE ES UN CUARZO QUE AUMEN-TA LA CAPACIDAD DE COMUNICARSE Y DE CONECTAR CON LOS DEMÁS. ES UN AMULETO QUE TE AYUDA CON UNA DE LAS TAREAS MÁS DIFÍCILES PARA TI: ESTABLECER

CONTACTO Y VÍNCULOS CON LOS QUE AMAS Y TE RODEAN. SIEMPRE LLEVA CONTIGO UNA TURQUESA (COMO COLGANTE O TALISMÁN EN TU BOLSILLO), Y ESAS PRISAS Y URGENCIAS YA NO TE NUBLARÁN LA VISIÓN SOBRE LO IMPORTANTE.

CLAVEL. RELACIONADO CON EL ROMANCE Y LA REVOLUCIÓN ES LA FLOR QUE MÁS POTENCIA TUS VIRTUDES. ASÍ COMO SE LA REGALAN LOS AMANTES, ASÍ TAMBIÉN ES UNA FLOR QUE HA ESTADO PRESENTE EN MOMENTOS DE GRAN CAMBIO SOCIAL. ES UNA FLOR QUE SE RELACIONA CON LA MEMORIA, LA PASIÓN Y EL CAMBIO, Y DEBE ESTAR PRESENTE EN LA VIDA Y EN EL HOGAR DEL SIGNO MÁS RELACIONADO CON EL FUTURO.

AMULETO DOMÉSTICO PARA SAGITARIO

EN UNA FUENTE DE METAL O DE CRISTAL COLOCA FRUTOS SECOS DE TODA ÍNDOLE (NUECES, ALMENDRAS, CASTAÑAS) ACOMPAÑADAS POR AROMÁTICA TIERRA DEL BOSQUE. CONSAGRA EL CONJUNTO DEJÁNDOLO AL AIRE LIBRE DURANTE UNA NOCHE DE LUNA LLENA. PARA RENOVAR EL PODER ENERGÉTICO QUE CONTIENE, DEJA QUE RECIBA AGUA DE LLUVIA CADA VEZ QUE SE PRESENTE OPORTUNIDAD.

YO CUIDARÉ DE TI

3 ⭐ 8 13

TUS NÚMEROS DE LA SUERTE

Tus miedos

¿Y A QUÉ LE TIENE MIEDO EL INCREÍBLE SAGITARIO? TIENES UNA DE LAS RELACIONES MÁS INTENSAS CON EL TIEMPO. TE MUEVES EN ÉL COMO PEZ EN EL AGUA, Y A FUERZA DE INTUICIÓN Y PERSISTENCIA TE ADELANTAS A LOS DÍAS Y A LOS HECHOS. PUEDES HABITAR EN EL FUTURO (PUEDES PREDECIRLO Y MOLDEAR AL DESTINO) COMO QUIEN SE CONSTRUYE UNA CASA.

AHÍ ES DONDE RESIDE UNA DE TUS DEBILIDADES, PUES CONCEDES POCA IMPORTANCIA AL AHORA. TE CREAS UN PORVENIR, PERO ESE VIVIR EN EL MAÑANA TIENE (SIN DUDA) UN COSTO QUE PUEDE SER MUY ALTO.

NORMALMENTE CREES QUE TODO AQUELLO QUE NO PUEDES LLEVAR EN LA MALETA (Y SUELES VIAJAR LIGERO DE EQUIPAJE) ES UN ESTORBO. AQUELLO QUE NO TIENE UTILIDAD EN TU VIAJE DEBE SER ABANDONADO EN ARAS DE UNA TRAVESÍA RÁPIDA Y SEGURA.

ALGUNOS VERÁN EN ELLO UNA MEDIDA PRAGMÁTICA, PERO EN EL FONDO ESTO SEÑALA EL MAYOR MIEDO BAJO EL QUE VIVES: EL MIEDO AL COMPROMISO.

LA TRAVESÍA DE LA NADA NO SÓLO IMPLICA LA LIGEREZA CON LA QUE PODEMOS MOVERNOS. TAMBIÉN HAY QUE CONSIDERAR EL PESO DE LO QUE CARGAMOS: LA GRAVEDAD A LA QUE NOS SOMETEN LAS OBLIGACIONES HACIA LOS AMIGOS, LA FAMILIA, EL AMOR, NUESTRO EMPLEO...

TODOS ESTOS PESOS SON SOFOCANTES PARA TI, QUE SÓLO VES EN ELLOS PESOS QUE TE CONSTRIÑEN, QUE TE REZAGAN Y QUE HASTA PUEDEN HACER NAUFRAGAR TU ESTRECHA BARCA.

LE TEMES A LOS AFECTOS Y SUS OBLIGACIONES COMO A UN ENEMIGO FORMIDABLE, QUE HA LLEGADO PARA DESTRUIR TU LIBERTAD Y SOMETERTE AL PESO DE LA RUTINA Y DE LA INMOVILIDAD. POR ELLO, LOS NATIVOS DE SAGITARIO OS CONDENÁIS, EN NO POCAS OCASIONES, A LA SOLEDAD. PREFIERES LA LEVEDAD QUE EL PESO DEL AMOR.

¿CÓMO PUEDES VENCER TUS MIEDOS?

EL AMOR SIN OBLIGACIONES ES UN HUECO EN EL QUE SE PUEDE HABITAR, PERO ACABA POR SER POCO MÁS QUE UNA MADRIGUERA. LOS HOGARES DE VERDAD, AUNQUE SÓLO EXISTAN BREVEMENTE, A VECES SE CONSTRUYEN DE OTRA MATERIA, DE OTROS MODOS.

ERES CAPRICHOSO Y SÓLO DESEAS QUE SE TE AME A TU MANERA, PERO ESA PODRÍA SER UNA ESTRATEGIA ERRADA. ASUME QUE EL PESO DE ESAS OBLIGACIONES NO TE AYUDARÁ A MOVERTE, A IR MÁS RÁPIDO HACIA TU BRILLANTE FUTURO. LO CIERTO ES QUE QUIZÁS DEBERÍAS ACEPTAR ESE PESO, Y SER UNO CON ÉL.

SÓLO BAJO ESE "PESO" PODEMOS DEJAR HUELLA EN EL MUNDO, DEJAR SEÑAL DE QUE VIVIMOS Y AMAMOS. SÓLO EL COMPROMISO CON NUESTRAS RELACIONES VITALES LAS HARÁ FLORECER Y CRECER, Y A NOSOTROS CON ELLAS. ATRÉVETE A COMPROMETERTE A FONDO.

Un corazón abierto, vale por dos.

Hablemos de lo que importa: el AMOR

POSEES UN TEMPERAMENTO FUERTE Y UNA FORMA DE SER INTENSA Y EXPRESIVA. SEDUCTOR, CARISMÁTICO Y SEGURO DE TI MISMO, NUNCA VAS A MEDIAS EN TU VIDA Y MENOS CUANDO SE TRATA DE AMAR.

PUEDES COQUETEAR Y DIVERTIRTE COMO MUCHAS PERSONAS PERO DE AHÍ A ENAMORARTE Y A PROYECTAR CON ALGUIEN HAY UN LARGO TRECHO. EN PRIMER LUGAR PORQUE ADEMÁS DE UN ASPECTO ATRACTIVO, PARA CONQUISTARTE HACE FALTA UNA PERSONALIDAD INTERESANTE Y UNA INTELIGENCIA DESTACADA. EN SEGUNDO LUGAR PORQUE ERES MUUUUY CELOSO DE TU LIBERTAD Y DEFINITIVAMENTE NO VAS A NEGOCIARLA CON CUALQUIERA.

SIN EMBARGO, CUANDO TE ENAMORAS Y ENCUENTRAS A LA PERSONA IDEAL PARA TI NO TE PRIVARÁS DE HACER

TODO TIPO DE DEMOSTRACIONES DE AMOR. TANTO EN EL PLANO FÍSICO Y VERBAL COMO A TRAVÉS DE GESTOS, SORPRESAS, OBSEQUIOS, ATENCIONES. TU AMOR ES TOTAL, COMO TODO EN TU VIDA Y PARA MANTENERLO VIVO HACE FALTA UNA GRAN DOSIS DE PASIÓN Y UNA PERSONALIDAD TAN AVENTURERA Y LANZADA COMO LA TUYA.

TU OPTIMISMO, IDEALISMO, CURIOSIDAD Y DESEOS DE AVENTURA SON CONTAGIOSOS Y TE CONVIERTEN EN UNA PERSONA CASI IRRESISTIBLE. TE GUSTA LLEVAR LAS RIENDAS DE TUS RELACIONES, PERO DE VEZ EN CUANDO NO TE IMPORTA DEJAR LA VOZ CANTANTE A TU PAREJA.

CON TU SEDUCTORA SONRISA, TU SINCERO CORAZÓN Y TU INCAPACIDAD PARA MENTIR TE LLEVAS A CASI TODO EL MUNDO DE CALLE.
HUYES COMO UN LOCO CUANDO EMPIEZA A RONDAR LA PALABRA COMPROMISO PORQUE CREES QUE VA A CORTAR LAS ALAS DE TU TAN PRECIADA LIBERTAD. EN EL AMOR, COMO EN MUCHAS FACETAS DE TU VIDA, TIENDES A COMENZAR MUCHAS COSAS... PERO A TERMINAR MUY POCAS.

CONSEJOS INFALIBLES PARA TU VIDA AMOROSA

ESTANDO EN PAREJA, NO DEJES TODA LA RESPONSABILI-
DAD EN MANOS DE ELLA. INVOLÚCRATE MÁS EN LAS DECI-
SIONES COMUNES Y NO VAYAS TANTO A TU AIRE COMO SI
ESTUVIERAS SOLO. SI APUESTAS POR UNA RELACIÓN, LÁN-
ZATE DE VERDAD, NO SÓLO SE BENEFICIARÁ TU PAREJA Y
FAMILIA, SI ES EL CASO, SI NO QUE TE AYUDARÁ A TI A
SUPERAR TU FAMOSO MIEDO AL COMPROMISO AL SER TES-
TIGO DE QUE NO TE DILUYES AL UNIRTE A OTRA PERSO-
NA SINO QUE CON OTRO, SUMAS

SI NO TIENES PAREJA PUEDE QUE SEA PORQUE ERES DE-
MASIADO EXIGENTE, ES VERDAD QUE ERES EXCEPCIONAL
PERO CRÉEME, HAY GENTE QUE ESTÁ A TU ALTURA Y
QUE PUEDE ENRIQUECER ENORMEMENTE TU VIDA. EN TU
MANO ESTÁ PONER LOS LÍMITES Y LAS FORMAS: PUEDES
CONSTRUIR TU RELACIÓN IDEAL, CON LIBERTAD Y TOQUES
DE AVENTURA, NO TE DEJES COMER POR LAS RELACIONES
CONVENCIONALES, PROPÓN TÚ LA TUYA.

APRENDE A PEDIR POR ESA BOQUITA, TUS NECESIDADES
SON IMPORTANTES, SI NO QUIERES ACABAR FRUSTRADO,
LUCHA POR LA RELACIÓN PERFECTA PARA TI

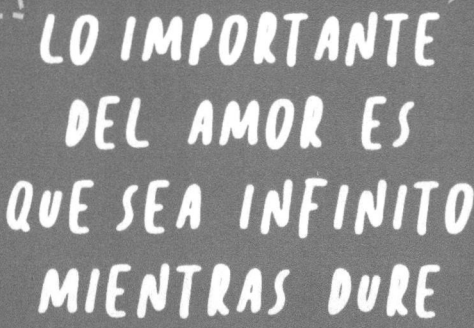

LO IMPORTANTE DEL AMOR ES QUE SEA INFINITO MIENTRAS DURE

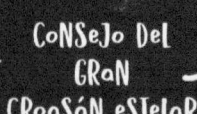

CONSEJO DEL GRAN CROASÁN ESTELAR

COMPATIBILIDAD ENTRE SIGNOS

SAGITARIO Y SAGITARIO

UN EQUIPO FORMIDABLE. ALGUNOS ASTRÓLOGOS PIENSAN QUE ES LA COMBINACIÓN PERFECTA. OS PODÉIS ATRAER CON UNA CONVERSACIÓN ESTIMULANTE, DADO QUE AMBOS TENÉIS INTERESES SIMILARES Y CUANDO A UNO LE APREMIE EL IMPULSO DE EMPAQUETAR Y PARTIR A LA AVENTURA EN BUSCA DE HORIZONTES LEJANOS, EL OTRO LE SEGUIRÁ ENCANTADO.

DESPREOCUPADOS E INDEPENDIENTES, PODRÉIS TRABAJAR JUNTOS FÁCILMENTE TANTO EN LOS PROYECTOS DESEADOS, COMO PARA COMPLACEROS MUTUAMENTE EN LA CAMA.

SOIS UNA PAREJA ENCANTADORA Y ENTRETENIDA, QUE DISFRUTARÁ DE UNA INTENSA VIDA SOCIAL.

ESO SÍ, NECESITÁIS CONTROLAR EL IMPULSO, A VECES ABRUMADOR, DE ASUMIR RIESGOS Y JUGAR CON VUESTRO FUTURO.

CONSEJO PARA HACER QUE FUNCIONE (¡AÚN MEJOR!)

COMPRENDER Y CONTROLAR VUESTRA TENDENCIA A SACAR LO PEOR DEL OTRO. TRABAJAR EN EL DESARROLLO DE CIERTA PROFUNDIDAD EN LA RELACIÓN SI QUERÉIS QUE PASE A SER ALGO MÁS QUE UNA DIVERTIDA AVENTURA.

SAGITARIO Y CAPRICORNIO

NO TENÉIS MUCHO EN COMÚN PERO AÚN ASÍ PUEDE SER UNA COMBINACIÓN RAZONABLEMENTE BUENA.

SAGITARIO PUEDE DESQUICIAR A CAPRICORNIO AL SER TAN QUIJOTESCO E IRRESPONSABLE, PERO ÉL SE VE A SÍ MISMO COMO IDEALISTA Y PROGRESISTA. SEGURAMENTE LA VERDAD ESTÉ EN ALGÚN LUGAR INTERMEDIO, PERO PUEDE SER DIFÍCIL DE VER PARA CUALQUIERA DE LOS DOS.

EL OPTIMISMO DE SAGITARIO MODERA LA INCLINACIÓN DE CAPRICORNIO A SENTENCIAR A LA GENTE, MIENTRAS QUE LA SENSATEZ DE CAPRICORNIO AYUDA A SAGITARIO A LOGRAR SUS OBJETIVOS MÁS ANHELADOS.

CAPRICORNIO TENDRÁ QUE HACER EL ESFUERZO DE EXPLI-CARSE CON MÁS FRECUENCIA. SAGITARIO TIENE EL DON DE LA PREVISIÓN ¡PERO NO EL DE LA TELEPATÍA! CAPRICOR-NIO DEBERÁ COMUNICAR SUS IDEAS, PLANES Y SENTIMIEN-TOS SI QUIERE QUE SAGITARIO LE PROPORCIONE APOYO Y ENERGÍA EN SUS INICIATIVAS.

CONSEJO PARA HACER QUE FUNCIONE

RECONOCER DE ANTEMANO LO DIFERENTES QUE SOIS AMBOS SIGNOS Y ESTAR DISPUESTOS A HACER SACRIFICIOS.

SAGITARIO Y ACUARIO

LA COMPATIBILIDAD ES BASTANTE ALTA Y SI AMBOS OS ESFORZÁIS UN POCO, LA RELACIÓN SERÁ LARGA Y FELIZ.
SOIS MUY PARECIDOS – EXTROVERTIDOS, SOCIABLES Y AVENTUREROS. OS ENCANTA LA DIVERSIÓN, SOIS MUY ESPONTÁNEOS, NO EXCESIVAMENTE SENTIMENTALES Y SABÉIS DAR Y DISFRUTAR DE CIERTA LIBERTAD DENTRO DE LA PAREJA.
VUESTRAS RELACIONES ÍNTIMAS SON EMOCIONANTES, PORQUE MIENTRAS QUE ACUARIO ES INNOVADOR, A SAGITARIO LE ENCANTA REALIZAR NUEVOS EXPERIMENTOS.
SAGITARIO TIENDE A SER MÁS FILOSÓFICO Y TENER PROPÓSITOS MÁS FIRMES QUE ACUARIO MIENTRAS QUE ESTE ÚLTIMO TIENE MAYOR CAPACIDAD DE ADAPTACIÓN QUE SAGITARIO.
LOS DOS COMPARTÍS UN GRAN ENTUSIASMO ANTE LA VIDA Y SOIS POR NATURALEZA OPTIMISTAS Y SOLIDARIOS.

CONSEJO PARA HACER QUE FUNCIONE (¡AÚN MEJOR!)

ES IMPORTANTE QUE DESARROLLÉIS PROYECTOS COMUNES Y COMPARTÁIS ELEMENTOS DE VUESTRA "LIBERTAD" JUNTOS, PORQUE SINO CABE LA POSIBILIDAD DE QUE CON EL TIEMPO OS DISTANCIÉIS, SIN APENAS DAROS CUENTA.

SAGITARIO Y PISCIS

SOIS COMPLEMENTARIOS Y COMPATIBLES.

SOIS SIGNOS MUTABLES, POR LO QUE AMBOS OS APROXIMÁIS A LA RELACIÓN COMO IGUALES, SIN QUE NINGUNO INTENTE CONTROLAR O DOMINAR AL OTRO.

SEXUALMENTE, LA MEZCLA DE FUEGO Y AGUA CREA UNA GRAN ATMÓSFERA ERÓTICA Y NO HAY UN AMANTE MÁS LEAL Y PREOCUPADO QUE UN PISCIS.

EL PROBLEMA ES QUE EL EMOCIONAL PISCIS BUSCA ALGO MÁS QUE SEXO, MIENTRAS QUE SAGITARIO SE SIENTE BAS- TANTE A GUSTO ASÍ. CUANDO SE LLEGA A ESTO, SAGITARIO NECESITA UN COMPAÑERO Y PISCIS UN AMANTE DE EN- SUEÑO Y ES DIFÍCIL LOGRAR AMBOS OBJETIVOS FÁCILMENTE. LO IDEAL ES QUE ENCONTRÉIS UNA CAUSA EN LA QUE AMBOS CREÁIS, TENIENDO ASÍ UN PUERTO AL QUE VOLVER CUANDO AZOTEN LAS INEVITABLES TORMENTAS.

 ## CONSEJO PARA HACER QUE FUNCIONE

RECORDÁOS MUTUAMENTE LOS SUEÑOS Y OBJETIVOS QUE QUERÉIS LOGRAR JUNTOS. LA PACIENCIA Y LA COMPRENSIÓN CUANDO LA PAREJA NECESITE UN DESCANSO PARA HACER SUS PROPIAS COSAS SON ESENCIALES.

 SAGITARIO Y ARIES

SOIS SIGNOS DE FUEGO, POR LO QUE A ESTA COMBINACIÓN NO LE FALTARÁ NADA DE VARIEDAD Y EMOCIÓN, PUDIENDO SER, A VECES, EXPLOSIVA. LA RELACIÓN DESPEGARÁ DIRECTAMENTE DESDE SU COMIENZO. SU GRADO DE COMPATIBILIDAD ES MUY ALTO.

TENÉIS AMBOS UNA CAPACIDAD DE ATENCIÓN RELATIVAMENTE CORTA Y NECESITÁIS CAMBIOS CONSTANTES. PREFERÍS LA EMOCIÓN AL ABURRIMIENTO EN LAS RELACIONES Y, EN ESTE SENTIDO, ESTÁIS HECHOS EL UNO PARA EL OTRO. LOS VIAJES Y EXPLORACIONES CULTURALES SACARÁN LO MEJOR DE CADA UNO Y DARÁ LUGAR A UNA RELACIÓN DE PAREJA SÚPER ESTIMULANTE.

SEXUALMENTE LOS DOS SOIS TAMBIÉN MUY COMPATIBLES Y AVENTUREROS Y AMBOS DISFRUTARÉIS MUCHÍSIMO EXPLORANDO NUEVAS FORMAS DE EXPRESAR VUESTRO AMOR FÍSICA Y EMOCIONALMENTE.

CONSEJO PARA HACER QUE FUNCIONE (¡AÚN MEJOR!)

ES PROBABLE QUE ALGUNAS DISCUSIONES DERIVEN EN ACALORADOS ENFADOS, INTENTAD NO LLEVAR ESAS DISCUSIONES AL PLANO PERSONAL Y TODO IRÁ SOBRE RUEDAS.

SAGITARIO Y TAURO

LA COMPATIBILIDAD ES BASTANTE BAJA PORQUE SOIS MUY DIFERENTES. SAGITARIO TIENDE A BASAR SU VIDA EN UNA FILOSOFÍA DE LIBERTAD Y ESPONTANEIDAD Y ES POCO PROBABLE QUE PUEDA DAR A TAURO LA SEGURIDAD QUE NECESITA. SAGITARIO TIENDE A CAMBIAR RÁPIDAMENTE Y A ADAPTARSE CON FACILIDAD, ALGO QUE A TAURO LE RESULTARÁ DIFÍCIL DE SEGUIR. ESTE CONSTANTE REAJUSTE SERÁ UN FACTOR CRUCIAL A LA HORA DE QUE CONSIGÁIS O NO HACER FUNCIONAR LA RELACIÓN.

SI LA TEMERIDAD DE SAGITARIO LLEGA A ALCANZAR UN EQUILIBRIO CON LA PRUDENCIA Y EL SENTIDO PRÁCTICO DE TAURO, LA RELACIÓN PODRÍA FUNCIONAR.

EN EL ASPECTO SEXUAL LAS COSAS SON MÁS FAVORABLES YA QUE SOIS SEXUALMENTE COMPATIBLES. A TRAVÉS DE LAS RELACIONES ÍNTIMAS TAURO DESCUBRIRÁ EL LADO MÁS PROFUNDO Y COMPASIVO DE SAGITARIO.

CONSEJO PARA HACER QUE FUNCIONE

TAURO DEBERÁ APRENDER A DEJAR ESPACIO A SAGITARIO Y ÉSTE DEBERÁ INTENTAR CONTROLAR DE ALGÚN MODO SU NATURALEZA INQUIETA Y DESPREOCUPADA.

SAGITARIO Y GÉMINIS

SOIS SIGNOS OPUESTOS Y EL QUE RESULTE BIEN O NO DE-
PENDERÁ DE LA PERSPECTIVA QUE TOMÉIS AMBOS.
NECESITÁIS SER LIBRES PARA EXPLORAR VUESTRAS PROPIAS
VIDAS AUNQUE MANTENGÁIS UNA RELACIÓN. SI LO HACÉIS,
HAY MUCHAS POSIBILIDADES DE QUE LA RELACIÓN FUNCIONE.
LOS DOS SOIS MUY INQUIETOS Y ESTÁIS CASI SIEMPRE AVAN-
ZANDO. OS RESULTA DIFÍCIL AFERRÁOS A UN SITIO O A UNA
PERSONA DURANTE MUCHO TIEMPO.
JUNTOS VUESTRAS VIDAS SE CONVIERTEN EN UN TORBELLI-
NO, CON MONTONES DE GIROS REPENTINOS E INESPERADOS.
LA RELACIÓN PUEDE SER PLACENTERA YA QUE A AMBOS OS
GUSTA EL CAMBIO, LOS MOVIMIENTOS FRECUENTES, LOS REA-
JUSTES, LAS SORPRESAS, LAS AVENTURAS.
SEXUALMENTE HAY BUENA ENERGÍA, CON LA CALIDEZ DE
SAGITARIO ESTIMULANDO EL ESTILO COMUNICATIVO DE
GÉMINIS.

CONSEJO PARA HACER QUE FUNCIONE

OS PUEDE RESULTAR DIFÍCIL TOMAR DECISIONES FIRMES DE
FUTURO COMO PAREJA ASÍ QUE INTENTAD PONER TODO DE
VUESTRA PARTE PARA AVANZAR EN LA MISMA DIRECCIÓN.

SAGITARIO Y CÁNCER

EL GRADO DE COMPATIBILIDAD ES MÁS BIEN BAJO. AUNQUE SÍ HAY POSIBILIDAD DE QUE EXPERIMENTÉIS UNA FUERTE ATRACCIÓN AL CONOCEROS.

SAGITARIO ES HONESTO, MUY DIRECTO Y, EN OCASIONES, INSENSIBLE; Y AUNQUE CÁNCER APRECIA LA HONESTIDAD Y LA FRANQUEZA, ES MUY SENSIBLE A LAS CRÍTICAS.

SAGITARIO, POR EL CONTRARIO, ES POCO SUAVE Y PUEDE QUE CUANDO SE DE CUENTA DE QUE SUS FRECUENTES CRÍTICAS ESTÁN CANSANDO A CÁNCER, YA SEA DEMASIADO TARDE.

LAS RELACIONES SEXUALES PUEDEN SER MUY SATISFACTORIAS PORQUE AMBOS SOIS MUY SEXUALES. ES MÁS PROBABLE QUE TODO QUEDE EN UNA APASIONADA AVENTURA AMOROSA, QUE EN UNA RELACIÓN ESTABLE, A MENOS QUE HAYA TANTO AMOR ENTRE VOSOTROS, QUE ESTÉIS PREPARADOS PARA REALIZAR AJUSTES EN VUESTRAS PERSONALIDADES.

 CONSEJO PARA HACER QUE FUNCIONE

ES MUY IMPORTANTE QUE SAGITARIO APRENDA DIPLOMACIA Y QUE CÁNCER DEJE DE SER TAN HIPERSENSIBLE A LAS CRÍTICAS Y APRENDA A TOMARSE LOS COMENTARIOS DE MODO MÁS CONSTRUCTIVO.

SAGITARIO Y LEO

COMPATIBILIDAD MUY ALTA. JUNTOS ENCENDERÉIS PASIONES ABRASADORAS EN EL DORMITORIO, DADO QUE AMBOS ENTENDÉIS INSTINTIVAMENTE LAS NECESIDADES MÁS PROFUNDAS DEL OTRO.

A LEO LE ENCANTA BRILLAR Y SER ADMIRADO Y A SAGITARIO LE ENCANTA DAR, A VECES SE PUEDE CANSAR UN POCO DE LA CONSTANTE NECESIDAD DE CARIÑO DEL LEÓN. AÚN ASÍ, SAGITARIO TIENE LO NECESARIO PARA SOPORTAR EL ENORME EGO DE LEO.

SAGITARIO BUSCA UNA PAREJA MÁS FUERTE Y ESTABLE QUE ÉL, MIENTRAS QUE LEO, COMO SIGNO FIJO, NECESITA QUE LO ABRAN A OTRAS POSIBILIDADES. SAGITARIO APORTA CALIDAD ESPIRITUAL A LA RELACIÓN, MIENTRAS QUE EL GRAN SENTIDO DEL DECORO DE LEO PUEDE SUAVIZAR LA A VECES POBRE PERSONALIDAD SOCIAL DE SAGITARIO.

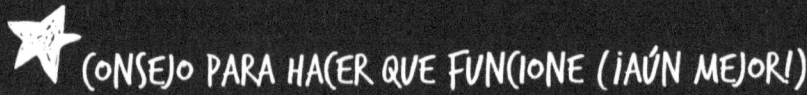

CONSEJO PARA HACER QUE FUNCIONE (¡AÚN MEJOR!)

LA FRANQUEZA EXAGERADA DE SAGITARIO PUEDE HERIR LA VANIDAD DEL LEÓN, ASÍ QUE CUIDADO. LEO POR SU PARTE DEBE ESTAR ABIERTO A IDEAS NUEVAS SIN RUGIR CADA VEZ QUE LE LLEVEN LA CONTRARIA.

SAGITARIO Y VIRGO

LA COMPATIBILIDAD NO ES MUY ALTA PORQUE SOIS MUY DIFERENTES. VIRGO PRESTA ATENCIÓN A LOS PEQUEÑOS DETALLES Y SAGITARIO TIENDE A CENTRARSE EN UNA VISIÓN MÁS GLOBAL.

PERO LA RELACIÓN TIENE UNA COSA IMPORTANTE A SU FAVOR: AMBOS SIGNOS SON MUTABLES LO QUE INDICA ADAPTABILIDAD. POR LO QUE QUE SI APRENDÉIS A ACEPTAR LOS PUNTOS DE VISTA DEL OTRO ALCANZARÉIS EL ÉXITO. VIRGO SE VERÁ ATRAÍDO POR EL ESPÍRITU VALIENTE Y AVENTURERO DE SAGITARIO Y ÉSTE OBTENDRÁ LA SEGURI-DAD QUE APORTA LA ESTABILIDAD QUE OFRECE VIRGO. SEXUALMENTE HAY UNA GRAN DIFERENCIA DE ESTILO POR LO QUE VIRGO DEBERÁ DEJAR DE ANALIZARLO TODO EN EXCESO PARA DISFRUTAR EL MOMENTO Y EL EXPERIMENTA-DO SAGITARIO DEBERÁ TENER PACIENCIA.

 CONSEJO PARA HACER QUE FUNCIONE

VIRGO NECESITARÁ DEJAR A UN LADO SUS CRÍTICAS SOBRE CADA DETALLE Y VISUALIZAR EL RESULTADO EN LUGAR DEL PROCESO; MIENTRAS QUE SAGITARIO DEBERÍA PENSAR UN POCO MÁS EN EL PROCESO Y MENOS EN EL RESULTADO.

 SAGITARIO Y LIBRA

MUY BUENA COMBINACIÓN. EL OPTIMISMO DE SAGITARIO
HACE QUE HAYA MUCHA DIVERSIÓN A SU ALREDEDOR. A
SAGITARIO LE ENCANTA CUALQUIER FORMA NUEVA DE EX-
PRESIÓN SEXUAL QUE SUPONGA UN DESAFÍO. LIBRA EN-
TIENDE ESTO Y PUEDE CIERTAMENTE AÑADIR ALGUNAS
IDEAS MUY CREATIVAS A LA RELACIÓN.
SAGITARIO SE SIENTE SÚPER ATRAÍDO POR LA POSTURA ELE-
GANTE, TRANQUILA Y ARTÍSTICA DE LIBRA Y, A SU VEZ, A
LIBRA LE FASCINA EL DESEO DE AVENTURA DE SAGITARIO.
LIBRA SERÁ UN GRAN AMIGO Y UN FABULOSO AMANTE.
APENAS HABRÁ PROBLEMAS. LIBRA A VECES PUEDE SER DE-
MASIADO CONTROLADOR EMOCIONALMENTE, PARA EL GUSTO
DE SAGITARIO PERO LOS DOS TENÉIS LA CAPACIDAD DE PER-
DONAR Y OLVIDAR.
LA RELACIÓN SERÁ MUY DINÁMICA.

CONSEJO PARA HACER QUE FUNCIONE (¡AÚN MEJOR!)

ESTA UNIÓN ES TAN COMPATIBLE QUE CUANDO SURJAN
PROBLEMAS AMBOS DEBERÍAIS SENCILLAMENTE RECORDAR
VUESTRA FABULOSA RELACIÓN Y DAROS MUTUAMENTE
OTRA OPORTUNIDAD.

 ## SAGITARIO Y ESCORPIO

SAGITARIO ADORA LOS CAMBIOS ASUMIENDO TODO TIPO DE RIESGOS PARA, A CONTINUACIÓN, PASAR AL SIGUIENTE GRAN RETO, ESCORPIO PREFIERE IR DIRECTAMENTE AL MEOLLO DE LA RELACIÓN. NO VA A SER FÁCIL.

DADO QUE AMBOS TENÉIS MUCHO INTERÉS POR EL SEXO, ESTA COMBINACIÓN PUEDE SER UNA DE LAS MÁS FOGOSAS DEL ZODÍACO. PERO SAGITARIO ES IMPULSIVO, INCLUSO CAPRICHOSO, MIENTRAS QUE CON ESCORPIO TODO SUCEDE BAJO LA SUPERFICIE, SIENDO MUY DIFÍCIL SABER QUÉ ESTÁ PASANDO REALMENTE.

SAGITARIO ES IRASCIBLE PERO SE CALMA ENSEGUIDA, MIEN-TRAS QUE ESCORPIO PUEDE ESTAR QUE ARDE DURANTE DÍAS ANTES DE ESTALLAR EN UN FURIOSO VOLCÁN.

ESCORPIO PUEDE SER TAMBIÉN POSESIVO Y CELOSO, ALGO QUE CHOCA CON EL ESPÍRITU DE LIBERTAD DE SAGITARIO.

 ## CONSEJO PARA HACER QUE FUNCIONE

SAGITARIO PUEDE DAR MÁS PESO A SU LADO DE CUIDADOS GENEROSOS QUE AL SALVAJE Y ESCORPIO ESTAR DISPUESTO A SALIR DE SU CONCHA Y PROBAR ESE MUNDO SALVAJE CON SAGITARIO.

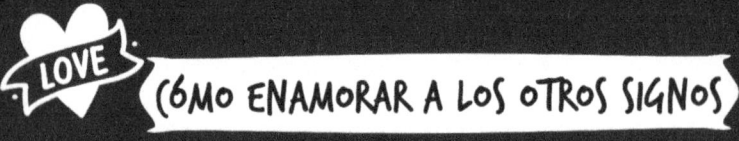

LOVE — CÓMO ENAMORAR A LOS OTROS SIGNOS

INDEPENDIENTEMENTE DE LA CLARIFICADORA INFORMACIÓN PREVIA, EL AMOR VIENE ASÍ DE ESTA MANERA, Y TE HAS ENAMORADO DE OTRO SER HUMANO (ESPERO), AQUÍ VAN LOS CONSEJOS INFALIBLES PARA QUE SAGITARIO ENAMORE A CADA UNO DE ELLOS:

ARIES: INVÍTALO A DISFRUTAR DE NUEVAS EXPERIENCIAS: VIAJES, CULTURA, DIVERSIÓN, SALIDAS ORIGINALES. LO PASARÉIS MUY BIEN JUNTOS Y LOGRARÉIS ENTENDEROS. DEMUÉSTRALE QUE ERES CAPAZ DE AMAR SIN ATAR. APÓYALE TAMBIÉN EN SUS PROYECTOS E INICIATIVAS. ARIES BUSCA UN CÓMPLICE Y ERES PERFECTO PARA ELLO.

TAURO: TENDRÁS QUE ENTENDER QUE ES UN SIGNO PRÁCTICO, TRADICIONAL Y ESTRUCTURADO. TU INDECISIÓN, IMPULSIVIDAD Y EXCESIVA INDEPENDENCIA PUEDEN AHUYENTARLO. PARA QUE SE SIENTA SEGURO CONTIGO, PRÉSTALE MUCHA ATENCIÓN Y SOSTÉN Y DISPONTE A TENER CON ÉL UNA RELACIÓN ESTABLE, EXCLUSIVA Y UNA RUTINA TRANQUILA.

GÉMINIS: TIENE MUCHO EN COMÚN CONTIGO: EL AMOR

POR LA LIBERTAD, EL AFÁN DE CONOCIMIENTO, LA VIDA SOCIAL ACTIVA. LO ATRAERÁS SI COMPARTES TODO ESO CON ÉL. NO LO PRESIONES NI INTENTES ATARLO. PERO TAMPOCO TE ALEJES DEMASIADO PORQUE SI GÉMINIS NO SE ENGANCHA PUEDE DESAPARECER COMO POR ARTE DE MAGIA.

CÁNCER: LO QUE NECESITAS PARA CONQUISTARLO EN REALIDAD NO LO TIENES :(TENDRÁS QUE HACER UN ESFUERZO PARA DESARROLLARLO. LO ENAMORARÁS SI PONES LOS PIES SOBRE LA TIERRA Y LE OFRECES COMPROMISO Y FIDELIDAD. CÁNCER NO DISFRUTA DE LO IMPREDECIBLE, NECESITA SENTIR SEGURIDAD Y PODER PROYECTAR A FUTURO. SI NO ESTÁS DISPUESTO, ALÉJATE O LO LASTIMARÁS.

LEO: LO ENAMORARÁS CON TU VITALIDAD Y GUSTO POR LA AVENTURA. INVÍTALO A HACER ALGO DIVERTIDO.
PARA SEDUCIRLO ES IMPRESCINDIBLE QUE LO HALAGUES Y LE PRESTES ATENCIÓN, YA QUE EL EGO DEL LEÓN NO SOPORTA LA INDIFERENCIA. TAMPOCO SE SENTIRÁ A GUSTO SI TE MUESTRAS INQUIETO O VACILANTE RESPECTO A ÉL.

VIRGO: TENDRÁS QUE SER, PRIMERO TOLERANTE A SUS CONSTANTES CRÍTICAS SOBRE TU MANERA DE ACTUAR Y LUEGO, TENDRÁS QUE DEMOSTRARLE QUE PUEDES SER

RESPONSABLE Y COMPROMETIDO. VIRGO NECESITA SERIE-
DAD Y TRANQUILIDAD, INCLUSO EN EL AMOR Y LA SEXUALI-
DAD. LE GUSTARÁ TU ACTITUD VALIENTE Y AVENTURERA
SI PUEDES COMPLEMENTARLA CON UN POCO DE SU PRACTICI-
DAD.

LIBRA: SEDUCIRÁS A LIBRA CON TU ACTITUD OPTIMISTA Y
AVENTURERA. AL PRINCIPIO, PLANTÉALE UNA RELACIÓN
RELAJADA E ÍNTIMA, FUERA DE LAS RUTINAS SOCIALES.
COMPARTÍS EL GUSTO POR LA NOVEDAD, POR LO QUE ES
BUENA IDEA QUE LO INVITES A ACOMPAÑARTE EN UNA DE
TUS FORMIDABLES AVENTURAS.

ESCORPIO: UTILIZA TU OPTIMISMO PARA ACOMPAÑARLO DU-
RANTE SUS CRISIS. ÉL EXIGE COMPROMISO Y FIDELIDAD, ASÍ
QUE HAZLE SABER QUE ESTÁS DISPUESTO A ESO SI QUIERES
QUE TE ELIJA. SIN EMBARGO, TAMPOCO ES BUENO QUE TE
VEA DEMASIADO ENTREGADO PORQUE PUEDE PERDER EL IN-
TERÉS. SÉ SUTIL Y METÓDICO PARA CONQUISTARLO, ESCOR-
PIO TE ESTARÁ PROBANDO.

LOVE

SAGITARIO: ACÉRCATE CON SIMPATÍA, TRANSPARENCIA, ES-
PONTANEIDAD. PROPONLE AVENTURAS, DIVERSIÓN Y DALE
CARIÑO Y COMPLICIDAD. ORGANIZA UNA SALIDA CULTURAL

ORIGINAL, DONDE PODÁIS SORPRENDEROS Y DIVERTIROS JUNTOS. ES SÚPER IMPORTANTE NO CAER EN LA RUTINA.

CAPRICORNIO: INTENTA PONER UN POCO LOS PIES SOBRE LA TIERRA, PORQUE LA CABRA NO ENTIENDE DE ILUSIONES Y FANTASÍAS Y PUEDE PERCIBIR TU PERSONALIDAD COMO INMADURA. ÉL ES SERIO Y PUEDE PARECER QUE CARECE DE SENTIMIENTOS. NECESITAS CONTAGIARLE DE OPTIMISMO, APOYARLO EN SUS PROYECTOS Y RESPETAR SU INTIMIDAD.

ACUARIO: ACÉRCATE DESDE UNA RELACIÓN DE AMISTAD, PARA QUE PUEDA PERCIBIR VUESTRA AFINIDAD. TRANSMÍTELE TU AMOR POR EL CONOCIMIENTO Y LA CULTURA A TRAVÉS DE INTENSAS CONVERSACIONES. DISFRUTAD JUNTOS DE LA VIDA SOCIAL ACTIVA Y NO TE MUESTRES INCÓMODO CON SU ESPÍRITU LIBRE, PUES EN TI ENCUENTRA UNA CONEXIÓN EXCLUSIVA Y UN COMPAÑERO INCONDICIONAL.

PISCIS: COMPARTE CON ÉL TUS ILUSIONES Y ENTENDERÁ QUE VUESTRAS MOTIVACIONES SON AFINES. ÉL ES MUY SENSIBLE E IDEALISTA EN EL AMOR, ASÍ QUE CUÍDALO, NO ESCATIMES EN TERNURA, ATENCIÓN Y CONTACTO FÍSICO. HAZLE SABER QUE ERES CAPAZ DE COMPROMETERTE, PORQUE ÉL NO SE METERÁ EN UNA RELACIÓN PASAJERA.

Sagitario y el sexo

EL SEXO ES UNA EXTENSIÓN NATURAL DE LA BÚSQUEDA DE ALGUIEN, QUE TE LLENE DE VERDAD Y TÚ TRATAS DE ENCONTRAR RESPUESTAS EN EL PLACER

TE GUSTA QUE SE COMUNIQUEN HONESTA Y SINCERAMENTE CONTIGO Y NO SE ANDEN POR LAS RAMAS, DE LA MISMA FORMA QUE TÚ NO TIENES NINGUNA DUDA EN EXPRESAR DESEOS, NECESIDADES Y OPINIONES. SI EL OTRO ES FRANCO CONTIGO, LO SABRÁS AGRADECER.

VALORAS LA LIBERTAD Y LA INDEPENDENCIA POR ENCIMA DE TODAS LAS COSAS. ESTARÁS DISPUESTO A RENUNCIAR A CUALQUIER RELACIÓN QUE SE CONVIERTA EN UNA CARGA. HAY QUE DEJARTE BASTANTE ESPACIO. SI ASÍ LO HACEN, CORRESPONDERÁS CON ATENCIÓN Y PASIÓN.

CONTIGO HAY QUE ENCONTRAR UNA MEZCLA DE DISTANCIA Y PROXIMIDAD.

TE GUSTA PROBAR COSAS NUEVAS.

TE PONE MUCHO HACERLO EN LA PLAYA, EN EL CAMPO O EN LA MONTAÑA. EN REALIDAD, LO HACES EN CUALQUIER LUGAR, ESO NO ES UN PROBLEMA PARA TI. TE GUSTA INNOVAR Y PRACTICAR TODAS LAS POSTURAS POSIBLES. TE ENCANTA DAR PLACER. ERES MUY BUEN AMANTE Y ¡ERES INCANSABLE!

LOS SIGNOS MÁS COMPATIBLES SEXUALMENTE CONTIGO SON ARIES Y LEO –CON ELLOS PUEDES DAR RIENDA SUELTA A TU IMAGINACIÓN, PORQUE SABES QUE SERÁS COMPRENDIDO Y CORRESPONDIDO Y TAMBIÉN PODRÍAS HACER BUENAS MIGAS CON LIBRA Y ACUARIO, PORQUE A ELLOS TAMBIÉN LES GUSTA EXPLORAR.

Sagitario y el trabajo

BUSCARÁS UN TRABAJO QUE TE DÉ CIERTA LIBERTAD, SIN LA NECESIDAD DE PERDER ESA INCESANTE BÚSQUEDA QUE TIENES POR SER MEJOR.

COMO ERES MUY SOCIABLE NO TE MOLESTA TRABAJAR CON OTRAS PERSONAS O FORMAR PARTE DE UN EQUIPO. SIEMPRE DESTACARÁS DE ALGUNA FORMA, NO BUSCAS SER SIEMPRE EL PRIMERO, SINO AVANZAR EN EL CAMINO DE LA VIDA.

TIENES BUENAS DOTES PARA LA COMUNICACIÓN Y LA EXPRESIÓN, POR LO QUE PUEDES SER BASTANTE BUENO EN TODO LO QUE TIENE QUE VER CON LAS ARTES INTERPRETATIVAS. PODRÍAS PERFECTAMENTE DEDICARTE A CUALQUIER TIPO DE EXPRESIÓN ARTÍSTICA, DESTACANDO ESPECIALMENTE EN LA ACTUACIÓN Y LA DANZA. LA BÚSQUEDA INCESANTE DEL CONOCIMIENTO TE HARÁ SIEMPRE IR MEJORANDO, DEJANDO ATRÁS EL EGO DESMEDIDO.

TAMBIÉN ESTÁS DOTADO PARA LA CIENCIA, SOBRE TODO
LO RELACIONADO CON LA BIOLOGÍA. PUEDES SER MUY
BUEN MÉDICO O INVESTIGADOR EN ESTE ÁREA.
TAMBIÉN TIENES MUCHA CERCANÍA CON LOS ANIMALES,
POR LO QUE PODRÍAS SER UN VETERINARIO DE PRIMERA.
ESTA ÚLTIMA PROFESIÓN TIENE OTRA CARACTERÍSTICA
QUE AMAS: LA BÚSQUEDA DE NUEVAS ESPECIES Y LA
POSIBILIDAD DE REALIZAR MUCHOS VIAJES PARA IR DESCU-
BRIENDO CADA VEZ MÁS SOBRE EL MUNDO ANIMAL.

TUS OJOS SON SIEMPRE SAGACES Y MUY DETALLISTAS, POR
LO QUE PODRÍAS PERFECTAMENTE PLASMAR LO QUE VES
EN UN LIBRO, LO QUE TE HARÍA SER UN EXCELENTE ESCRI-
TOR, YA QUE PUEDES EXPRESAR DE EXCELENTE MANERA
LO QUE VAS VIENDO, SIN OBVIAR DETALLES.

SAGITARIO TAMBIÉN PUEDE SER MUY BUEN EMPRESARIO,
POR LO QUE SI TE VES COMENZANDO UN NEGOCIO
PROPIO, TEN POR SEGURO DE QUE SERÁS TOTALMENTE
EXITOSO EN LO QUE TE HAYAS PROPUESTO.
ERES PERFECTO PARA ALIARTE O FORMAR UNA SOCIEDAD
CON ALGUIEN PARA INICIAR UN NEGOCIO YA QUE TIENES
MUY BUEN OJO Y TE GUSTA UNIR FUERZAS PARA UN
PLAN COMÚN QUE TE LLENE.

LAS PROFESIONES QUE CONLLEVAN ESTAR DEMASIADO TIEMPO ENCERRADO, COMO LOS TRABAJOS DE OFICINA O DE ATENCIÓN AL PÚBLICO DETRÁS DE UNA MESA, NO TIENEN MUCHO QUE VER CON TU PERSONALIDAD YA QUE SIEMPRE TIENES ESA NECESIDAD INTRÍNSECA DE SER LIBRE, DE SALIR, DE RECORRER, DE CONOCER.

ERES UN BUEN CANDIDATO PARA CUIDAR NIÑOS, ENSEÑARLES O BIEN ESTAR DE MONITOR PARA PASAR UN BUEN RATO CON ELLOS.

OTRO BUEN TRABAJO PARA TI SON TODOS LOS QUE ESTÉN RELACIONADOS CON LOS DEPORTES Y ESTAR AL AIRE LIBRE.

VIRTUDES.- OPTIMISTA, INTELIGENTE, VIAJERO.

DEFECTOS.- MALGASTADOR, IRRESPONSABLE, MAL ORGANIZADOR.

UN GANADOR ES UN SOÑADOR QUE NUNCA SE RINDE
SOY EL ASTEROIDE SABIO Y TENGO UN MENSAJE PARA TI

Sagitario y la amistad

TU HONESTIDAD PUEDE JUGARTE A VECES MALAS PASADAS, NO TODO EL MUNDO ESTÁ PREPARADO PARA ESCUCHAR LA VERDAD SIN FILTROS, NO OBSTANTE, LOS BUENOS AMIGOS SABRÁN QUE TU INTENCIÓN SIEMPRE ES BUENA E INCLUSO AGRADECERÁN TU SINCERIDAD.

ERES MUY LEAL CON TUS AMIGOS, AUNQUE A VECES TENGAS PELEAS CON ELLOS, ESO NO QUIERE DECIR QUE NO LES QUIERES NI MUCHO MENOS.
ES IMPORTANTE PARA TI QUE LAS PERSONAS QUE ESTÁN A TU LADO TENGAN LA CAPACIDAD DE ENTENDER TU HUMOR DIFERENTE Y TU NECESIDAD DE EXPRESAR LAS VERDADES QUE SIENTES EN TU INTERIOR.

TUS AMIGOS SIEMPRE SON PERSONAS DE MUCHA CONFIANZA, YA QUE PESE A SER BASTANTE SOCIABLE TIENES LA TENDENCIA A CONSERVAR LOS MISMOS AMIGOS POR MUCHOS AÑOS.

TUS COMPAÑEROS DE FUEGO SON GRANDES ALIADOS EN TODO MOMENTO, LEO Y ARIES SERÁN GRANDES AMIGOS DE SAGITARIO, YA QUE PODÉIS ESTAR JUNTOS Y CONVERSAR DE LO QUE SEA Y MANTENER EL MISMO SENTIDO DEL HUMOR, MUCHAS VECES BASTANTE NEGRO Y SARCÁSTICO.

OTRO ALIADO SERÍA ACUARIO, CON QUIEN COMPARTES LA VISIÓN DEL MUNDO, LA REBELDÍA Y LA SERIEDAD CON LA QUE ENFRENTÁIS CIERTAS TEMÁTICAS, SIENDO ASÍ AMIGOS BASTANTE INSEPARABLES COMO LO SON SIEMPRE LOS INCOMPRENDIDOS POR OTROS.
EL NO TAN EQUILIBRADO LIBRA TAMBIÉN ES UN AMIGO MUY CERCANO, YA QUE AMBOS OS ENTREGÁIS COSAS QUE EL OTRO NO POSEE, COMO EL SENTIDO DE LA REBELDÍA Y LA AVENTURA, QUE MUCHAS VECES LE FALTA A LIBRA.

CAPRICORNIO SERÍA UNO DE LOS SIGNOS QUE MENOS CONGENIARÍA CONTIGO, PODÉIS TENER UNA RELACIÓN CORDIAL PERO NO PARTICULARMENTE BUENA, IGUAL QUE CON PISCIS CUYA SENSIBILIDAD A VECES HACE QUE SE SIENTA UN POCO MAL ANTE EL POCO TACTO QUE A VECES DEMUESTRAS Y A LA EXCESIVA FRANQUEZA CON LA QUE EN OCASIONES DICES LAS COSAS.

La página mágica

ESTE LIBRO ES MÁGICO, COMO TÚ, Y VIENE CON UN REGALO: LA PÁGINA MÁGICA.

AUSPICIADO POR TUS PROTECTORES, PODRÁS FORMULAR UN DESEO Y AL ESCRIBIRLO, EL DESEO SE CUMPLIRÁ EN EL MOMENTO PRECISO.

CONCÉNTRATE, RESPIRA HONDO E INVOCA A JÚPITER Y A TU FLECHA DE LA SUERTE.

EL DESEO SE CUMPLIRÁ

MI DESEO ES:

Consejos de vida para Sagitario

QUERIDO SAGITARIO, MUÉSTRATE TAL Y COMO ERES, SIN ESTRATEGIAS NI ARTIFICIOS, Y ESA NATURALIDAD VA A ATRAER A LAS PERSONAS Y COSAS QUE DESEAS.

LAS TRABAS Y DIFICULTADES QUE SURJAN EN TU CAMINO TE SIRVEN PARA DARTE CUENTA DE LA CAPACIDAD QUE POSEES PARA ENFRENTARTE A LOS RETOS QUE LA VIDA TE PONE. LEJOS DE DESANIMARTE, RENUEVA SIEMPRE TUS ILUSIONES Y TU DESEO DE ABRIRTE CAMINO SERÁ MÁS FUERTE QUE NUNCA.

CAMBIA ESA ACTITUD COMPLACIENTE QUE A VECES TIENES CON LAS PERSONAS QUE TE RODEAN O CON TU PAREJA PARA QUE TODOS ESTÉN CONTENTOS Y PIENSA MÁS EN TI Y EN TUS INTERESES. LO CREAS O NO, ESO OS VA A BENEFICIAR A TODOS.

BUCEA EN TU INCONSCIENTE PARA RECONOCER Y CONTROLAR ESAS PASIONES E INSTINTOS QUE A VECES TE LLEVAN A ACTUAR DE FORMA IMPULSIVA. HAZTE AMIGO DE ELLAS Y ÚSALAS PARA IR SIEMPRE HACIA DELANTE Y NUNCA EN CONTRA DE OTROS O DE TI MISMO.

NO DUDES EN EXCESO Y TOMA LAS RIENDAS DE TU VIDA PARA CUMPLIR TODOS TUS SUEÑOS. EN OCASIONES, PUEDE QUE NADA SEA IGUAL A LO QUE HABÍAS PLANIFICADO, PERO EL RESULTADO SERÁ MUY POSITIVO PARA TI Y A LA LARGA INCLUSO MEJOR DE LO QUE HABÍAS SOÑADO.

SABES QUE ERES PURA DINAMITA Y, CUANDO TE LO PROPONES, TODO BRILLA, TODO IRRADIA LUZ A TU ALREDEDOR. SABES IMPREGNAR TUS RELACIONES DE UN TOQUE ESPECIAL QUE HECHIZA SIN QUERERLO NI BUSCARLO. SI EN TU CAMINO TE ENCUENTRAS GENTE QUE NO TE ENTIENDE, NO TE OFUSQUES, OTROS MUCHOS SÍ LO HARÁN. NO ERES APTO PARA TODOS LOS PÚBLICOS PERO EL QUE TE QUIERE, TE QUIERE HASTA EL FINAL.

ESTÁS TOCADO POR LA VARITA DE LA ALEGRÍA Y LA FORTUNA, NO LO DESAPROVECHES Y ¡CÓMETE LA VIDA!